UN LIVRE DE FAMILLE

LES DUPLAIS DES TOUCHES

LES DUPLAIS DES TOUCHES

Cette famille, dont le nom est écrit indistinctement DUPLAIX, DU PLEIX, etc., (1) est une des plus anciennes de Saintes ; au XVIe siècle, plusieurs de ses membres furent conseillers du roi, élus de Saintonge, avocats au parlement de Bordeaux, échevins, pairs, maire de Saintes, etc. Ces fonctions anoblissaient avant 1789. (Lettres patentes de Philippe III; d'Henri III, mars 1576 ; d'Henri IV, 1589-1597 ; édit de Louis XIV, 1694.)

D'autre part, le surnom de DÉS TOUCHES (du gallo-romain : *Toschia, Touschia*, bois touffu), vient d'une seigneurie que les Duplais possédèrent en Saintonge, du XVIe siècle jusqu'à 1841 ; par sa mère, Magdellaine Lebrethon, Dominique Duplais, avocat au parlement de Bordeaux en 1601, prouvait sa filiation noble et directe de propriétaire-seigneur, avec droit de *viguerie*, jusqu'à Jeanne de Montbouyer, dame des Touches avant 1400. (2)

L'écusson des Lebrethon était *d'azur, au lys d'or, supporté par un lion d'or, à dextre, et par une licorne d'argent, à sénestre; une étoile d'or en chef*. Celui des Duplais est *de gueules, à deux lions affrontés d'argent*. (D'Hozier ; Saintes, registre 4, folio n° 101, 9 décembre 1701.)

Les Touches, fief d'écuyer situé dans les paroisses de Nieulles-Saintes, autrefois NYOIL, NIEUIL-DES-GROIS, comprenaient 35 hectares 89 ares de terres particulières, des bois, des marais,

---

(1) Ce nom de famille ne doit pas être dérivé du mot latin DUPLEX, qui signifie *rusé, dissimulé*, ou bien encore *artificieux, qui a deux cordes à son arc*. Le PLAIS, le PLAIX ou le PLESSIS est un nom de localité dérivé du gallo-romain PLEXUS, PLEXITIUM, *domaine entouré de haies ou de palissades*. On lui donne encore le sens de *maison de plaisance*. Le château du *Plaix*, propriété de M. A. Borget, est dans le département du Cher, près Châteauneuf.

(2) Avant 1579, la possession des fiefs et arrière-fiefs faisait la noblesse. Henri III, qui venait de fonder l'ordre du Saint-Esprit (1597), déclara, par l'ordonnance de Blois, que les roturiers qui achèteraient des fiefs nobles, ne seraient plus anoblis, ni mis au rang de la noblesse, s'ils ne remplissaient un office auquel ce privilège fut attaché.

trois villages censitaires : les Touches, les Primaudières et les Bertins. Le logis, avec sa vieille tourelle hexagonale, existe encore, mais le colombier et le portail armorié ont été démolis par les nouveaux propriétaires.

Le seigneur des Touches devait l'hommage au baron de Nieul ; le devoir était un cheval estimé cent sols tournois (cette valeur doit remonter au IX⁰ siècle). (1) toutes les fois que le sire de Nieul était requis par le roi d'aller en guerre, etc. En retour, le suzerain devait le baiser sur la joue, et remettre le cheval s'il n'était pas tué.

En 1530, le sire de Nieul, Jehan Chaudrier, chevalier, fils de René, était le descendant probable du maire de La Rochelle (1359-1362-1366-1370), considéré comme le libérateur de l'Aunis. Au XVII⁰ siècle, vers 1690, les Limouzin ou Lemouzin succédèrent aux Chaudrier jusqu'en 1797. Leur château-fort, monument du XV⁰ siècle, présente des ruines importantes un peu cachées par les bois, à droite du chemin de Nieul aux Touches, à 1.500 mètres de l'église dédiée à saint Martin. Il reste la porte ogivale du pont-levis, avec mâchicoulis ; les murailles de la façade, rasées à la hauteur du second étage ; un puits avec débris de portiques de la Renaissance ; des caves ou souterrains, en partie comblés, comme les douves. Au midi, cette forteresse est éventrée, et sa barbacane, rasée, demeure complètement envahie par les broussailles.

A. D. T.

---

(1) On peut comparer ce prix de cheval à ceux de 1237 publiés par les historiens de France, XXII, 580-581 : un cheval liard ou gris pommelé valait 14 livres ; un noir, 12 livres ; un cheval sor, 18 livres. (La chevalerie, par Léon Gautier, Paris, Ch. Delagrave, éditeur, page 338.)

UN TESTAMENT DE 1652

Dans le *Bulletin héraldique de France*, mars 1894, p. 196, M. de Richemond a publié un article, *La famille Duplais des Touches*, où il parle de notre confrère, M. Camille-Joseph-*Antoine* Duplais des Touches, né en 1860 à Aurillac, et non *au Treuil-Bussac*, commune de Fouras, habile dessinateur et écrivain, qui, dit-il, « par son talent personnel ajoute un nouveau lustre au nom de ses ancêtres, celui du vice-roi des Indes. » Joseph Dupleix, mort en 1763, n'a rien de commun avec les Duplaix de Saintonge, pas plus que Scipion Dupleix, l'auteur de l'*Histoire générale de France*, aïeul des Dupleix de Cadignan, originaire du Condomois.

M. de Richemond établit ainsi « la filiation directe de l'artiste » depuis le xive siècle environ : 1º N. de Montbouyer ; 2º Jeanne de Montbouyer, épouse de messire Ogier ; 3º Guillemette Ogier, épouse de messire Robert ; 4º Catherine Robert, mariée vers 1507 à Pierre Farnoulx ; 5º Nycole Farnoulx, épouse de Jean Lebrethon de Haulmont ; 6º Madeleine Lebrethon, épouse de messire Guillaume Duplais, conseiller du roi, élu de Saintonge. (Voir la suite dans l'arbre généalogique.)

Le « testament mutuel (26 décembre 1652) de feu Dominique Duplais des Touches, seigneur des Touches, et d'Olimpe de Montgaillard, sa femme », nous donne deux générations de Duplais et certains détails qui ont leur valeur locale. On ne sera pas d'ailleurs fâché de voir comment, il y a deux siècles et demi, on rédigeait son testament :

« Au nom du père, du fils et du saint Esprit, amen. Sachent tous, présans et advenir, que, nous Dominique Duplais, sieur des Touches, pair, eschevin de la maison commune de la ville de Saintes, et damoyselle Olimpe de Montgaillar, conjoints par mariage, demeurant en la ville et cité dudit Saintes, concidérant la fragilité humaine et qu'il n'y a rien de plus assuré que le trépas, et au contraire l'heure d'iceluy toujours incertaine; ne désirant en estre prévenu sans au préalable avoir disposé des biens temporels qu'il a pleu à Dieu nous donner, avons conjointemant et mutuellemant, estant en bon sens, mémoire et entendemant, toutefois le dit sieur des Touches, indisposé de sa personne, estant au lict, fait leur testamant et ordonnance de dernière volonté en la forme et manière que c'en suit : premièrement, nous recommandons nos âmes à Dieu le père, créateur de toutes choses, le supliant, par les mérites de son fils notre Sauveur, nous faire pardon de nos offances, péchés, et la bienheu-

reuse viergé Marie et tous les sains et saintes de paradis estre
nos intercesseurs ; et lorsque nos âmes seront séparées de nos
corps, les vouloir colloquer au rang des bienheureux, voulans,
nos décès arrivés, que nos corps soient inhumés en l'église
paroissiale de Sainte-Colombe, nous remetant, pour le service
et aumosne, à la discrétion et volonté du survivant de l'un de
nous. Et au regard de nos biens et disposant d'iceux, nous avons
institué nos héritiers Dominique et François Duplais, nos enfans, en tous nos susdits biens, de quelque nature et qualité
qu'ils soient, à la charge de payer, incontinant après le décès du
survivant de nous, à Marie Duplais, femme épouse de monsieur
maistre Louis de Beaune, conseiller du roy, magistrat au siège
présidial de Saintes, la sommè de trois mil livres pour suplé-
mant de dot et de légitime, si tant est que ladite somme ne luy
ait été payée auparavant nostre dit décès, et à la charge de laisser à Magdelaine, aussi notre fille, la cinquième partie qui nous
appartient en deux moulins à vent et un à eau situés en la paroisse
de Soulignone, et cinq livres ou environ de marais salans situés
en la seigneurerie d'Hiers, prise de La Gillette ou Marteau, avec
toutes leurs apartenances et dépendances et finalemant la ranthe
de 360 et quelques livres, réduite à 180 livres, qui nous est deue
par le roy à cause de la suppression de l'office d'eslu qui
appartenait à deffunt monsieur maistre Guillaume Duplais, père
de moy dit testateur, à condition toutefois que ledit Dominique
pourra, si bon lui semble, racheter et reprandre ladite ranthe
dans dix ans, après le décès dudit survivant, en payant à laditte
Magdelaine la somme de 3.000 livres... Nous voulons et enten-
dons qu'il soit et demeure audit Dominique, nostre maison, fief,
métairie et moulin des Touches, situés en la parroisse de Nieuil,
avec toutes leurs apartenances et dépandances, avec le bestail,
meubles et autres choses qui se trouverront audit lieu, plus sept
livres de marais salans situés en Nieulle, prise de Milar, parroisse
de Saint-Sornin de Marenne, avec toutes leurs apartenances et
dépandances quelconques, et audit François, nostre maison où
nous faisons à présant nostre demeure en ladite ville de Saintes, estable en dépandant, deux quartiers de pré situés en la
prairie de Lapallu, notre borderie appelée Champbreton ou La
Ransannerie, avec ses apartenances et dépandances et bestail y
estant, plus cinq livres de marais salants ou environ situés sur
le chènal de Boisvin, près la ville de Brouage... Et d'autant que
Jean Duplais, nostre fils aîné, prieur de Saint-Quantin de Ran-
sanne, a fait vœu et profession en l'ordre de Saint-Augustin qui
l'exclut de posséder aucuns biens en propre, et qu'il possède
d'ailleurs un bénéfice sufisant pour son entretien, nous ne luy
avons fait aucune part en nos susdits biens..... Fait et passé au
dit Saintes en la résidence desdits sieur et damoyselle des Touches, parroisse de Sainte-Colombe, sur les cinq heures du soir,
le 26 décembre 1652, présans témoins à ce appelés et requis :
Thomas Leberton, escuyer, sieur des Ramades ; honorable homme,
maistre Pierre Duplais, avocat en la cour du parlement de Bour-

deaux ; Raymon Mestreau, estudiant en théologie ; Mathurin Gilbert, estudiant en philosophie ; René Pelluchon, pintier ; Jacque Hoslier, tailleur d'habits, et Jean Flandrin, marchand, demeurans audit Saintes. Ainsi signé à la minute : Duplais, Olimpe de Montgaillard, Gilbert, Mestreau, Duplais, des Ramades, Hoslier, Flandrin, Pelluchon et moy dit notaire. TOURNEUR, *notaire royal à Saintes.* »

(Extrait de la *Revue de Saintonge et d'Aunis,* bulletin de la société des Archives historiques, xvᵉ volume, 3ᵉ livraison, 1ᵉʳ mai 1895.)

Un conseiller au Parlement 1575, d'après Abraham Bruyn.
Tour de l'échevinage de Saintes, 1578-1580.

INVENTAIRE DES ARCHIVES D'ANTOINE DUPLAIS

(1507-1889).

1507. *8 avril.* — Aveu et dénombrement de Pierre Farnoulx, mari de Catherine Robert, dame des Tousches et de Brethelière, à noble et puissant seigneur de Nyoil, René Chauldrier, escuyer, seigneur de Nyoil et de la Chantre. Signé : Guenon, not. roy. Pièce sur parchemin, 0.32 × 0.29. Détails sur la filiation directe des Srˢ des Tousches jusqu'à Jehanne de Montbouyer (xivᵉ siècle) ; devoirs féodaux, limites de la seigneurie, etc.

1539. *5 mars.* — Aveu de Mʳᵒ Jehan Lebrethon, mari de Nycoles Farnoulx, dame des Tousches, à noble et puissant seigneur de Nyoil, Jehan Chaulderier, chevalier, seigneur de Candé et de Nyoil. Signé Perraud, not. roy., Huguet, Jan Chaudrier. Cérémonie du baise-joue, devoir féodal du cheval et de 10 livres tournois à chaque mutation de vassal. — Parchemin, 0.325 × 0.296.

XVIIᵉ SIÈCLE

1601. *12 novembre.* — Réception, en la cour du Parlement de Bordeaux, de Dominique DUPLAIX, licencié en droit. — Extrait des registres du Parlement. Signé DE PONTAC. — Parchemin, 0.33 × 0.08.

1605. *17 avril.* — Compte rendu de la tutelle fourni « par Laurant Queu, escuyer, sieur de Chastellars, curateur de Dominique Duplays, escuyer, sieur des Tousches, et de Jacques Duplays, enfans de feu noble monsieur maistre Guillaume Duplays, conseiller du roy, esleu de l'eslection de Xainctes, et de damoyselle Magdellaine Lebrethon, leurs père et mère, Sʳ et dame des Tousches et de Champbrethon, touchant les revenus des fiefs et des autres biens qui leur viennent de la succession de leur frère, défunt Thomas Duplays. » E. Mesgreau, not. roy. — Papier : 4 feuilles, 0.21 × 0.288.

1606. *12 août.* — Quittance de 1,636 livres donnée à Mʳ des Tousches par Mʳ de Chastellars, E. Mesgreau, not. roy. à Saintes. Ont signé : Mʳᵉˢ Jacques Baron, Simon de Montfriand, etc. — Papier du précédent acte. 0.21 × 0.288.

1606. *15 may.* — Contrat de mariage de Dominique du Plaix, sieur des Tousches, avocat au Parlement de Bordeaux, fils naturel et légitime de défunt noble monsieur maistre Guillaume du Plaix, conseiller du roy, esleu en l'eslection de Xaintonge, et de damoizelle Magdellaine Lebrethon, seigneur et dame des Touches, — avec damoizelle Marguerite Hervé, fille naturelle et légitime de noble Mr M^ire François Hervé, juge baillif temporel de Xainctes, pair et eschevin, et de damoizelle Catherine de la Roche.

Témoins : Nobles François Lebrethon, escuier, seigneur des Ramades, conseiller au siège présidial de Xainctes ; Charles Farnoulx, sieur de la Béraudière ; Jehan Grellaud, sieur de Senonsches ; Laurens Queu, escuier, Sr de Chastellars, tous conseillers ; André Jallais, Sr de la Gesterie ; Jehan Duplaix, bourgeois.

Du côté de la mariée : Nobles Mrs Mrs Jacques Renaud, Sr de Sainct-Sorlin ; Mathurin Bouchet, Sr du Sirou ; Charles de la Roche, escuier, Sr de Rochefort ; M^tre Guy Eschasseriaud, Sr du Ramet, advocat en la cour, et le Sr Jallais, esleu.

Fouschier, not. roy. à Xainctes. — Parchemin. 0.31×0.35. 4 feuilles.

1606. *15 may.* — Quittance de 1,000 livres donnée à monsieur Hervé par monsieur des Touches.

1606. *15 juin.* — Quittance de 3,000 livres donnée à Mr Hervé par M^r des Touches. Fouschier, notaire.
Même parchemin que le contrat.

1612. *24 janvier.* — Déclaration de Jacques Duplais au profit de noble homme Dominique Duplais, après la mort de leurs père et mère, et de leur frère Thomas, à propos d'une rente due par le roi, de 361 livres 13 s. 4 d. ; Conay, notaire à La Rochelle. — 4 feuilles papier : 0.195 ×0.267

1616. *9 juillet.* — Noble homme Dominique Duplais, conseiller de la cité de Xaintes, signe avec ses collègues, de Chemeraud, maire, J. Grelaud, F. Hervé, L. Queu, J. Allain, D. Farnoulx, J. Badiffe, J. Moyne, de la Farge, G. Daudenet, F. Fleurisson, Huon, etc., la délibération ordonnant aux habitants des paroisses de Roumégoux et de Saint-Porchaire de se présenter aux bans. (Louis Audiat, *Études, documents et extraits relatifs à la ville de Saintes : Baron Eschasseriaux*, p. 434-435.)

1622. *29 décembre.* — Noble homme Dominique Duplaix vote, avec ses collègues, J. Grelaud, F. Hervé, Denis Huon, P. Hestor, L. Queu, J. Moyne, D. Farnoux, P. Lebrethon, C. Farnoux, J. Badiffe, N. Lescuyer, J. Goy, S. Pichon et Jacques Dalvy, etc., l'extinction de l'impôt sur le sel (50 sols par boisseau). On enverra des députés à Paris pour parler de cette affaire au roi. (L. Audiat, cit., p. 435-436.)

1624. *15 avril.* — Décharge d'administration des biens de mademoiselle Magdellayne Chevallier, dame des Guignières, veuve de noble André Rellion, conseiller du roy, président de l'élection de Saintonge, à son frère noble homme Dominique Duplaix, sieur des Tousches et de Champbrethon, avocat en la cour du parlement de Bordeaux, pair et eschevin de Xaintes. — Duplaix, notaire à Saintes : Papier, 2 feuillets 0.21 × 0.287.

1625. *10 juillet.* — Dispense du pape Urbain VIII, accordée à Dominique Duplex, de Saintes, laïc, pour vivre avec sa 2me femme, cousine au 3me degré, Olympe de Montgaillard. Signée cardinal Barberinus, légat. ; J.-O. Baptista-Pamphilius, rote ; Lud. Regens, Jacobus Durandus, abbreviator, etc. — Parchemin 0.42 × 0.30.

1628.— Dominique DUPLAIX, sieur des Touches et de Champbreton, avocat au Parlement, est nommé maire de Saintes. (L. Audiat, op. cit., p. 39.)

1629. — La citadelle de Saintes fut démolie par les soins de Jean Aymar. Les carmélites prennent possession du terrain de la citadelle donné par le roi, en présence des échevins Nicolas Lescuyer, maire en 1625, et de Dominique Duplaix, maire en 1628 et 1630. M. de Schomberg était alors gouverneur de la province. (L. Audiat, p. 39, note. — *Histoire de l'église santone et aunisienne*, par M. l'abbé Briand, 1843, t. II, p. 316-323.)

1630.— Dominique DUPLAIX, sieur des Touches, est renommé maire.

1638. — Dominique Duplaix, sieur des Touches, continue à s'occuper des affaires de la ville de Saintes, comme conseiller, pair et échevin. — (L. Audiat, p. 40.)

1638. — Noble Dominique Duplaix, avec Couldreau, Aymar et Louis Moyne, contribue à la restauration de l'église de Sainte-Colombe ; Jacques Estor et Jean Grégoireau sont fabriciens. (L. Audiat, p. 40.— Briand, *Église de Sainte-Colombe*, p. 32. — Ch. Dangibeaud, *Église Sainte-Colombe*; *Bulletin de la société d'archéologie*, janvier 1893, p. 71.)

1639. *30 septembre.*— Naissance de François Duplais, au logis noble des Touches. Il reçut l'eau baptismale le 2 octobre, du prêtre Julien Pottier, curé de Nieul-les-Saintes. Parrain: Dominique Duplais, son frère ; marraine, Marie Duplais, sa sœur. « Que Dieu, par sa sainte grâce, le face homme de bien... », écrit le prêtre.

1645. *8 octobre.* — Noble Dominique Duplais signe l'acte de baptême d'Isabel Porchon. (Registre paroissial de Nieul-les-Saintes.)

1645. *24 octobre.* — Quittance de neuf vingt livres seize sols huit deniers (180ˡ 16ˢ 8ᵈ) moitié de la rente de 136 livres 13 sols 4 deniers, due par sa majesté à noble Dominique Duplais. Jehan Faizan, receveur des tailles du roi. Parchemin. Signé: Limouzin, notaire.— 0.25 × 0.14.

1645. *22 octobre.* — Mˡˡᵉ Magdeleine Duplaix, fille de noble homme Dominique Duplaix, sieur des Touches, advocat en la cour, pair, eschevin de la maison commune de la ville dudit Xaintes, signe avec sa mère, Olympe de Montgaillard, un acte de baptême à Nieul-les-Saintes.

1646. *24 janvier.* — Dominique Duplais signe, avec onze autres premiers citoyens, un emprunt de 200 livres de rente pour payer le curé de l'église de Sainte-Colombe. (Dexmier, notaire royal. — Ch. Dangibeaud, *Bulletin de la société des monuments historiques*, p. 71).

1646. *2 septembre.* — Les mêmes signent un acte de baptême avec Jean Duplais, prêtre.

1651. *25 juin.*— François Duplaix, fils de noble homme Dominique Duplaix, pair, eschevin de la ville de Xaintes, est parrain de François Drouhard.

1652. *26 décembre.* — Testament mutuel de Dominique Duplais des Touches, seigneur des Touches, pair, échevin de la ville de Saintes, et de sa femme, Olympe de Montgaillard. Il veut être enterré dans l'église de Stᵉ-Colombe. Il lègue 3.000 livres de supplément de dot à sa fille Marie, épouse de Mʳ Louis de Beaune, conseiller du roi, magistrat au présidial de Saintes ; à Magdeleine les marais salants d'Hiers-Brouage, les moulins de Soulignonne, la rente de la charge d'Eleu, etc.; — le fief, métairie, moulin des Touches, en la paroisse de Nieul-les-Saintes, et les marais salants de Nieul, près St-Sornin, à Dominique. — Le fief de la Ransannerie, la maison de Saintes à François. — Le cinquième fils, Jean, prieur de St-Quantin de Ransannes, ne doit rien posséder. — Témoins : Thomas Lebrethon, écuyer, Sr des Romades ; Pierre Duplais, avocat ; R. Mestreau, étudiant en théologie ; Mathurin Gilbert, étudiant en philosophie ; René Pelluchon, pintier, etc. Tourneur, notaire royal à Saintes. — Papier : 0.32 × 0.31.

1655. *26 juillet.* — Noble homme Dominique Duplaix, sieur des Touches, pair et eschevin de la maison commune de la ville de Xaintes, est parrain de Marie Berthin.

1655. *22 septembre.* — Dominique Duplais, écuyer, sieur des Touches, pair, échevin, est parrain du fils de Jean Héronneau.

1655. *22 décembre.* — Quittance de 361 livres 13 sols 8 deniers de rente due à noble Dominique Duplais, pour l'extinction d'un office d'Etat, appartenant à défunt noble Guillaume Duplais, son père. (Tourneur, notaire, pièce sur parchemin). — 0.26 × 0.12.

1659. *3 avril.* — Contrat de mariage de noble Dominique Duplaix, sieur des Touches, avocat en la cour, pair et échevin de Saintes, fils naturel et légitime de défunt noble Dominique du Plaix, aussi avocat en la cour, pair et échevin de Saintes, et de damoiselle Olympe de Mongaillard, — avec Elisabeth Baudouin, fille naturelle et légitime de défunt Jean Baudouin, écuyer, sieur de Bonnemor, et de damoiselle Anne Blanchard.

Témoins du marié : Mre Jean du Plaix, prieur ; François du Plaix, sr de Champbrethon, avocat en la cour ; Mre Louys de Beaune, conseiller du roy au siège présidial de Saintes, beau-frère et frères ; Jacques Burgaud, conseiller, lieutenant du présidial de Marennes ; Mre Jean Bertus, sr du Poussaud ; Mre Jean du Plaix, docteur en médecine.

Témoins de la mariée : Pierre Baudouin, escuyer, sr de la Motte, frère ; Dlle Marie Blanchard, ve de noble Jean Ozias, sr de Montlabeur ; François Moyne, escuyer, sr de l'Espineuil, conseiller du roi, lieutenant au siège présidial de Saintes ; Mtre Bernard Formaget, procureur au siège de Marennes ; Mtre Moïse Marchays, sr de Boisgiraud, conseiller du roy, président de l'élection de Xaintes, etc. Tourneur, notaire r. à Saintes. Pièce sur parchemin. Scellé à Saintes, 8 octobre 1781. — Signé de Saint-André.

1659. *29 juin.* — Dominique Duplaix et les autres échevins reçoivent la reine Marie-Thérèze. (*Entrées royales à Saintes*, p. 31, Louis Audiat.)

1659. *14 août.* — Jeudy. Passage du roi Louis XIV à Saintes. — Dominique Duplais fait partie du cortège de la réception. (Op. cit., Audiat, p. 39).

1660. *10 août.* — Noble Dominique Duplaix, sieur des Touches, assiste au baptême de la fille de Jacques Bouffard, à Nieul-les-Saintes.

1663. *25 mai.* — Contrat de noble François Duplais, sr de la Ransannerie, avocat au parlement de Bordeaux, fils naturel et légitime de défunt noble Dominique Duplaix, pair et eschevin de Saintes, et de demoiselle Olympe de Montgaillart, — avec dlle Anne Réaux, fille naturelle et légitime de défunt maître Jean Réaux, commissaire général des saisies réelles au siège présidial de Saintes, et de demoiselle Anne de Jandauba. Témoins du marié : Mre Jean Duplaix, prieur, curé de Saint-Quantin de Ransannes, chanoine régulier de l'ordre de saint Augustin ; noble Dominique du Plaix, s^r des Touches, conseiller, pair et échevin de Saintes, frères ; Jean du Plaix, docteur en médecine ; Pierre du Plaix, s^r de la Pichonnerie, avocat au parlement, cousin second. Témoins de la mariée : Mre Arnaud Réaux, prestre, curé de Saint-Pallais des Phiolins, oncle ; Mre Simon Casenave, cousin-curateur, M^tre Laurent Richard, avocat en la cour. — Richard, notaire.

Copie sur papier timbré. 4 feuilles papier timbré. Généralité de La Rochelle, 16 deniers.— 0.185 × 0.23.

1664. *28 septembre.* — Quittance de 1.000 livres donnée au s^r Arnaud Réaux, par François Duplais. — Contrôlé-scellé à Saintes, 24 janvier 1709. De Messac. — Copie de Z. Zarcoullier, 1709.

1668. *13 janvier.* — Dominique et François Duplais, échevins, après la messe du Saint-Esprit, en l'église des Pères Jacobins, prennent part à l'élection du maire Geoffroy, capitaine, et font le serment de fidélité. (Audiat, p. 177.)

1668. *31 mars.* — Dominique Duplais signe, au conseil de la ville, la proposition d'accorder aux capitaines des cavaliers royaux, des subsides en argent pour les loger dans les hôtelleries, afin d'éviter les logements forcés chez les habitants. (Audiat, p. 443.)

1669. *31 janvier.* — Dominique et François Duplais, échevins, etc., signent la nomination du maire Thomas Geoffroy. (Audiat, p. 445.)

1678. *4 juin.* — Diplôme de clerc tonsuré et de chevalier du Christ à Dominique Dupleix, fils de Dominique II et d'Elisabeth Baudouin. Sceau de l'évêché ; signature de Guillaume, évêque de Saintes ; Rogeau, secrét. Pièce papier, avec impression typographique. — 0.175 × 0.255.

1680. *25 février.*—Dominique Duplais, l'aîné, échevin, et le s^r Béchet admettent comme échevin le s^r Geoffroy, en présence du maire, Pierre du Bourg, seigneur de Porcheresse, et lui font prêter le serment sur le crucifix. (L. Audiat, p. 178.)

1688-1692. — Rentes des villages des Touches et des Primaudières : Apprécie des grains et volailles. — Extrait du registre des liquidations du greffe de Pons, signé Hendebourg, greffier, délivré à s^r du Plais des Touches. Papier timbré. — 0.176 × 0.235.

169. (?). — Cahier des Rentes agrières de la seigneurie des Touches, d'après la déclaration de noble Dominique du Plaist, seigneur, pair, échevin de Saintes, devant M^r le juge de Nieul-les-Saintes. — Copie sur papier libre.

1691-1692.—Noble Dominique du Plais, seigneur des Touches, pair, échevin de la ville de Saintes, appelant de certaine condamnation rendue par M^r le juge de Nieuil, à propos de rentes foncières non payées, contre Guillaume Balliste, s^r de Pytonneau, fermier des terres et des recettes de la châtellenie de Nieuil. 9 pièces : 8 papier 0.245 × 0.18 ; 1 sur parchemin avec arrêt du conseil du roi. 0.305 × 0.145. — 13 mai 1691. 3 juin 1691. 6 juillet 1691. 7 juillet 1691. 9 juillet 1691. 10 juillet 1691. 17 avril 1692.

1691. *30 juin.* — Contrat de mariage de François Duplais, sieur de La Ransannerie, avocat au présidial de Saintes, etc., avec Marie-Madeleine, fille de Louis Mesnage, escuyer, sieur de la Buétrie, conseiller du roi, lieutenant particulier, assesseur civil et criminel, conseiller en la maréchaussée d'Angoumois au siège royal de Cognac. Petit, not. à Cognac. Le père constitue en dot, à sa fille, son office et, le 10 juillet 1695, par acte reçu Dalidet, notaire à Saintes, il remet à son gendre sa procuration *ad resignandum* avec ses lettres de nomination en date du 13 avril 1675, signées Marie de Laurenne, et sur le reply: par son altesse Mademoiselle. Gourdon. La quittance du marc d'or en date du 12 juin, etc. (*Bulletin*, p. 378-379, t. II, 1882. — Communication de M. Ch. Dangibeaud).

1695. *25 mai.* — Mr Dominique Duplais des Touches, échevin, major des milices bourgeoises de la cité de Xaintes, est exempté, avec ses collègues, des impôts de franc-fief, ban et arrière-ban, logement de troupes, etc., par édit Royal en date du mois de mars 1694. (L. Audiat, op. cit., p. 148, 149, 447, 448.)

1696. *21 août.* — Par édit de sa majesté, le sr Dominique Duplaix des Touches est nommé capitaine des milices de Saint-Maur ; le sr François Duplaix de la Ransannerie, capitaine de la première compagnie de Saint-Palais. (L. Audiat, p. 179.)

XVIIIe. SIÈCLE.

1700. *29 novembre.* — Le conseil des échevins décide que François Duplaix de la Ransannerie, avec Richard de la Ferlanderie, Pichon de Lagord, Picquart et 10 bourgeois, se rendra à Saint-Jean d'Angély, saluer le roi; Duplais prendra la parole. (Audiat, *Entrées royales*, p. 46.)

1700. *22 décembre.* — Dominique Duplaix des Touches, Duplaix de la Ransannerie, Joseph Renaudet, Tercinier, etc., votent une cotisation et des mesures d'ordre public pour faire une entrée digne au roi d'Espagne, Philippe V, qui s'achemine lentement vers Saintes au milieu des ovations. (*Entrées royales*, L. Audiat, p. 46.)

1700. *23 décembre.* — François Duplaix de la Ransannerie, Tercinier, Demessac et Monreau sont délégués pour porter le dais royal, en velours cramoisy, doublé de satin blanc, enrichi d'un galon et d'une crépine d'or. — La remise des clefs de la ville au roi se fait à l'entrée du Pont, tour Montrible, près l'arc de triomphe. (L. Audiat, op. cit.)

1701. *9 décembre.* — Dominique Duplex, seigneur des Touches, échevin de Saintes, fait enregistrer ses armes par d'Hozier : *De gueules, à deux lions affrontés d'argent.* Registre 4, folio n° 101.)

1703. *2 décembre.* — Damoiselle Marianne Duplaix est marraine à Nieul-lès-Saintes, avec Antoine de Lafargue.

1704. *14 mars.* — Anne-Marie Duplaix est marraine à Nieul.

1705. *29 sept.* — Gilles Duplaix, sieur des Touches, est parrain à Nieul, avec damoiselle Marie Duplaix.

1706. *25 janvier, 17 octobre.* — Marie Duplaix des Touches, marraine à Nieul.

1707. *9 mai.* — Mr Antoine de la Fargue, sr de la Palière, et Mlle Marie Duplaix sont parrain et marraine de Marianne Gouignon, à Nieul. — Gilbert, curé.

1715. — Naissance d'Antoine.

1741. *21 juillet.* — Acte de mariage de Mr Antoine Duplex des Touches, fils de M^{tre} Elie Duplais des Touches, avocat en la cour, et d'Angélique de la Fargue, avec Léontine Pinard, en présence de François Duplais, Ulalie Bonneau, Joséphin Pinard, René Pinard, Pierre Dolidet, Guiet et Barbo, curé paroisse Saint-Pierre.

1744. *25 janvier.* — Arpantement d'une pièce de terre en l'Ile de Luzois, appartenant à monsieur de Touche.

1744. *7 décembre.* — Vente de l'office de notaire de feu M^{tre} Elie Maréchal par sa v^e Marie Vesron, à maitre Anthoine Duplais, sieur des Touches, pour la somme de 600 livres + 1.350 livres. Jobet, notaire à Saintes. — Parchemin, 0.26 × 0.18.

1746. *2 mai.* — Supplique du s^r Antoine Duplais des Touches, praticien à Saintes, à M^r le Président, lieutenant-général de la sénéchaussée de Saintonge et siège présidial de Saintes, pour exercer l'office de notaire royal. — Présentation par les notaires Pierre Senné l'aîné, et Jean Joblet, et par le Procureur du roi, Mr de Beaune. — Serment, examen, etc. — Réception audit office par le président Le Berton. — (Archives départementales de la Charente-Inférieure. Copie par M. Louis Meschinet de Richemond, archiviste.)

1755. *25 avril.* — Partage entre Antoine et Jean Duplais des Touches, fils de Mre Elie Duplais des Touches, avocat en la cour, seigneur du fief des Touches, des biens de leur père et de leur mère dame Angélique de la Fargue. — Contrôlé à Saintes par M^r de St-André, 3 janvier 1761.

1763. *26 juillet.* — Acte de baptême de Jacques-Eutrope, fils légitime de M. Antoine Duplais, sieur des Touches, notaire royal, et de demoiselle Léontine Pinard. Parrain : Jean-Jacques Gobeaud ; marraine : Thérèze Duplais, etc., paroisse St-Vivien. (Etat civil de Saintes.)

1765. *20 janvier.* — Echange entre Jean-François Duplais de la Chassagne et Antoine Duplais des Touches l'aîné, seigneur du fief des Touches, en Nieuil-les-Saintes, frères, d'une maison et d'une pièce de pré, contre une portion du droit de péage sous les ponts de la ville de Saintes. — Papier.

1777. *14 juillet.* — Acte d'inhumation du corps de Mre Antoine Duplais, sieur des Touches, notaire royal, époux de demoiselle Léontine Pinard, décédé d'hier, âgé d'environ 62 ans. Connaud, curé de Saint-Vivien de Saintes. (Extrait du registre de l'état civil de Saintes.)

1782. *11 juillet.* — Acte d'aveu et de dénombrement de la seigneurie des Touches, et des fiefs Primaudières et Farnoux, par dame Léontine Pinard, v^e de Mre Antoine Duplais des Touches, représentant Dominique Duplais, avocat en Parlement, à messire Gabriel-Isaü Lemouzin, baron de Nieuil, Chantreaux et autres places. 8 feuillets. Arnaud, notaire à Saintes. — 0.19 × 0.24.

1785. *9 novembre.* — Vente d'une maison à M^{tre} André-Antoine Bernard des Jeuzines, avocat en parlement, habitant la paroisse St-Maur, par Marie-Anne Tapon du Pinier, v^e de sieur Dominique Duplais des Touches. (Bironneau, not.) — Parchemin, 0.175 × 0.26.

1785. *13 novembre.* — Acte d'inhumation de dame Léontine Pinard, v^e de sieur Antoine Duplais des Touches, décédée la veille, âgée d'environ 63 ans. De Foix, vicaire de St-Vivien. (Extrait du registre de l'état civil de Saintes.)

1785. *18 novembre.* — Nomination d'un curateur aux mineurs Duplaix des Touches. Papier au timbre de la généralité de La Rochelle. Devant Emanuel-Cajetan Leberthon, chevalier de Bonnemie, président, lieutenant général en la sénéchaussée de Saintonge et siège présidial de Saintes, sont comparus les mineurs Henry, Pierre et Anne Duplaix des Touches, frères et sœur germains, enfants de Me Duplaix des Touches, notaire royal à Saintes, et de dame Pinard, pour nommer curateur René Duplaix des Touches, suivant la loi qui défère la garde noble comme la garde bourgeoise à l'aîné de la famille. Les autres frères, Joseph et Eutrope, sont passés dans les colonies d'Amérique. Le Sr Duplaix des Touches, reconnu solvable et capable, prête le serment, etc. Collationné à La Rochelle, le 11 janvier 1896, par l'archiviste de la Charente-Inférieure, M. M. de Richemond.

1786. — Terrier de la châtellenie et commanderie de Thairé dressé à la requête de Mre Fr^e Louis-Anne de Chabot, chevalier de l'ordre de Saint-Jean de Jérusalem (seigneurie et juridiction particulière, quoique annexée à la commanderie de Bourgneuf), 1786. (Archives départementales, La Rochelle. Registre E. 7. Grand in-folio.)
René Dupleix Destouches, bourgeois, demeurant au bourg de Thairé, époux de Marthe-Esther Barbotin.
Art. 142 : Un chai ou grange, 3 s. 9 d.
Art. 146 : Un corps de logis, bâtiments, cour, jardin, verger, 12 s. 6 d.
Art. 58 : Fief commun. — 19 : Fief des Muguettes.

1786. *19 mars.* — Acte de décès, à l'hôpital du fort St-Pierre de la Martinique, de Monsieur Dupleix Destouches, chirurgien major de la corvette le *Chien-de-Chasse*, commandée par M. de Bruyère. — Copie en date du 27 avril 1787. — Vu par le commissaire inspecteur des hôpitaux, etc.

1786. *1er juillet.* — Vente de la seigneurie des Touches (17.000 livres + 1.100 livres) à leur frère Jean-Jacques Duplais, époux de d^{lle} Marie Tourneur, par les sieurs René, Antoine, Hyacinthe, Joseph, Eutrope, Henry, Pierre et Anne-Charlotte Duplais, frères et sœur ; Jacques-Philippe Viaud, époux de Louise Duplais ; Jean Métreaud, mari de Thérèse Duplais ; Jean-Baptiste Tapon du Pinier, procureur au sénéchal de Saintonge, époux de Catherine-Rose Duplaix ; Marie-Anne Tapon du Pinier, v^e de Dominique Duplais, et son fils ; Jean Duplais, avocat en la cour de Bordeaux ; Louis Duplais, receveur de la régie à Champdeniers, enfans (15) de feus Me Antoine Duplais des Touches et demoiselle Léontine Pinard. — Huvet, not. roy. à Saintes. — 6 feuilles de parchemin 0.17 × 0.26, au timbre de La Rochelle. F. D. P. 23 sols 4 d.

1787. — Cahier du censif de la seigneurie des Touches, vérifié en 1787. 6 articles : Domaine des Séguineaud, — des Neaud et Fouquets, — des Bertins, — des Touches, — des Primaudières.

1789. *12 octobre.* — Passeport du sieur Eutrope DUPLEX DE TOUCHES, volontaire de la marine, natif de Saintes (né en 1762), allant à Langon. Délivré en l'assemblée des 90 électeurs, à Bordeaux. — Secrétaire du président, Marion. — Sceau de cire rouge endommagé.

1790. *7 octobre.* — Henry comte MAC-NEMARA, chef de division des armées navales, commandant les forces navales de Sa Majesté à l'est du cap de Bonne-Espérance, ordonne au sieur Destouches, volontaire de la première classe, d'embarquer sur la frégate la *Thétis* en remplacement du s^r Duclos. En rade du Port-Louis, isle de France. Signé : Le Cte MAC-NEMARA. (Papier aux armes de la maison de Bourbon.)

1794. *24 mars.* — Anne-Joseph-Hyppolite MALARTIC, lieutenant général des armées, gouverneur général des isles de France et de Bourbon et commandant général des établissemens français à l'est du cap de Bonne-Espérance, ordonne au citoyen Destouches, enseigne de vaisseau entretenu, de s'embarquer sur la corvette de l'Etat la *Minerve*. Ile de France, l'an 3e de la République française. Signé : Malartic.

1795. *24 janvier* (4 pluviôse an III de la République). — Le citoyen Duplex Détouche, officier de la marine de l'Etat, déclare au greffe de la municipalité de St-Leu qu'on lui a volé son portefeuille, des valeurs et ses papiers de famille.

1795. *17 octobre* (26 brumaire an IV). — Le commandant de l'île de la Réunion, Jacob, ordonne au citoyen Jacques Détouches, ancien enseigne entretenu, de prendre le commandement des batteries du canton Ste-Marie.

1795. *19 novembre* (28 brumaire an IV). — Instructions du commandant d'artillerie Laprade au citoyen Destouches, enseigne de vaisseau, commandant les batteries du canton Ste-Marie, île de la Réunion.

1796. *18 juin* (29 messidor an IV). — Procuration du citoyen Jacques Dupleix Destouches, enseigne de la marine, demeurant au canton de Ste-Marie, au citoyen Hillarion Riquebourg, habitant de l'île de la Réunion. — Michault, notaire à l'île de la Réunion.

1796. *22 août* (4 fructidor an IV). — Le gouverneur général MALARTIC ordonne au citoyen Jacques Destouches, enseigne de vaisseau, d'embarquer sur la frégate la *Préneuse*. Signé : Malartic.

1796. *15 décembre* (24 frimaire an V). — Le capitaine de vaisseau, commandant la frégate la *Préneuse*, Ravenel, permet au citoyen Dupleix Destouches, enseigne de vaisseau, d'aller à l'île de la Réunion, vaquer à ses affaires pendant trois décades.

1797. *21 février* (3 ventôse an V). — Acte de naissance de Pauline-François-Lady Foucaud, fille légitime de François Foucaud, 35 ans, demeurant à Ste-Gemme, et de Marie-Magdeleine Gilbert. François Brasseaud, adjoint municipal. (Extrait des registres de naissances de la commune de Ste-Gemme, canton de St-Porchaire, arrondissement de Saintes.)

1798. *21 novembre* (1er frimaire an VII). — Le gouverneur de l'île de la Réunion, Jacob, ordonne au citoyen Jacques Dupleix, ancien enseigne entretenu, de prendre le commandement de la batterie du Cap, au canton Ste-Marie.

XIXe SIÈCLE

1804. *3 août* (14 thermidor an XII, avant midi). — Le citoyen Jacque Duplais, propriétaire au lieu de l'Etang, commune de Chapniers, et sa femme, d^lle Jeanne Tourneur, vendent le domaine DES TOUCHES au citoyen Jacques Guérin, propriétaire, demeurant au bourg de Saint-Georges-des-Coteaux (18 hect., soit 70 journaux), pour le prix de 13,000 francs, devant Roy, notaire public à Saint-Georges-des-Coteaux (Papier; sceau à la cire du tribunal de paix de Saintes.)

1814. 24 juin. — Cession d'une créance de 7,035 francs par M. Jacques Duplaix, propriétaire, demeurant sur son domaine de l'Étang, commune de Chaniers, et sa femme Jeanne Tourneur, à son frère, monsieur Eutrope Duplaix, domicilié à Bordeaux. Ce capital fait partie des 13,000 francs dus par Jacques Guérin, propriétaire à Saint-Georges-des-Coteaux. Passé devant Huvet, notaire à Saintes.

1814. 9 juillet. — Vente du domaine DES TOUCHES, situé dans la commune de Nieul, par Jacques Guérin, propriétaire, demeurant au château et commune de Nieul, à M. Eutrope Duplaix, propriétaire, domicilié à Bordeaux, pour la somme de 9.535 francs dont sera déduite celle de 7.035, soit 2.500 francs, payables le 1er septembre 1814. Passé devant Huvet, notaire à Saintes.

1814. 23 novembre, 29 novembre, 24 décembre, 31 décembre ; — 1815. 15 mars, 29 mars, 12 avril, 25 avril, 9 août. — 10 pièces d'un jugement pour faire lever 17 inscriptions hypothécaires sur le domaine des Touches par Eutrope Duplaix contre Jacques Guérin.

1815. 18 mai. — Contrat de mariage de monsieur Jacques-Eutrope Duplaix des Touches, propriétaire, etc., et demoiselle Pauline-Françoise-Lady Foucaud, mineure de 18 ans, etc. Notaire : Pierre-François Corbinaud, à Pont-l'Abbé, canton de Saint-Porchaire. Régime de la communauté conventionnelle, etc.

1815. 18 mai. — Procuration de Mme Marie Badiffe, ve de sieur André Foucaud des Prés, demeurant à Saint-Bris-des-Bois, mère de M. Rustique Foucaud, aïeule de demoiselle Pauline-Françoise-Lady Foucaud, pour consentir au mariage de sa petite-fille avec M. J.-E. Duplaix des Touches.

1815. 24 mai. — Acte de mariage de Jacques-Eutrope Duplaix des Touches, propriétaire, âgé de 52 ans, natif de Saintes, domicilié aux Touches, commune de Nieul-les-Saintes, fils légitime de monsieur Antoine Duplaix des Touches, notaire, décédé à Saintes le 14 juillet 1777, et de dame Léontine Pinard, décédée à Saintes le 13 novembre 1785, époux divorcé de dame Marie-Jeanne Bouyer, pour causes déterminées en vertu d'un jugement par le tribunal de première instance de l'Isle-Bourbon en date du 25 novembre 1811, avec demoiselle Pauline-Françoise-Lady Foucaud, âgée de 18 ans, née à Sainte-Gemme, domiciliée à Pont-l'Abbé, fille légitime de feu M. François Foucaud, vivant, notaire, et de feue dame Marie-Madeleine Gilbert. Présents: M. Pierre-Augustin-Louis Duplaix, propriétaire, âgé de 26 ans, demeurant à Luchat, cousin éloigné de l'époux ; M. Marc-Antoine-Henry du Demaine, propriétaire à Corme, âgé de 31 ans, beau-frère de l'épouse ; M. Jean-Jacques-Etienne Granier, propriétaire, demeurant à Sainte-Gemme, âgé de 25 ans, beau-frère de l'épouse, et M. Maurice Réjou, chirurgien, âgé de 61 ans, demeurant à Pont-l'Abbé, ami des époux. Signé Pierre-François Corbinaud, notaire, maire et officier de l'état civil de la commune de Pont-l'Abbé. Consentement, par procuration, de l'ayeule paternelle, Mme Marie Badiffe, veuve de monsieur André Foucaud, demeurant à Saint-Bris-des-Bois.

1816. 10 mai. — Bail à ferme, pour sept ans, de la métairie des Touches, commune de Nieul-les-Saintes, à Pierre Boutin, cultivateur au Roseau, commune de Balanzac, et à Antoine Bodin, cultivateur aux Touches, par

M. Eutrope Duplaix, propriétaire. Passé à Corme-Royal, canton de Saujon, devant M⁰ Gabeloteau, notaire.

1816. *15 mai.* — (Extrait des registres de l'état civil de la commune de Nieul-les-Saintes, Charente-Inférieure) : Acte de naissance de Augustine-Aglaé Duplaix, née d'hier, fille légitime du sieur Eutrope Duplaix, et de dame Pauline-Françoise-Lady Foucaud, au village des Touches. Jazat, maire de Nieul, etc.

1817. *5 avril.* — *Lorient.* Lettre du chevalier de Courson de la Villehélio à son ami Dupleix, au sujet d'un prêt de cent louis. Le chevalier annonce qu'il vient d'être nommé commandant de la station de Terre-Neuve, à bord de la frégate de S. M. la duchesse de Berry. Adresse : Monsieur Duplaix, ancien officier de la marine royale.

1817. *4 juillet.* — *Monturet, commune de Plassac, près Blaye.* Lettre de Destouches à son frère Eutrope, au sujet de la naissance de Louis Duplais. Affaires de famille, etc. Adresse : A Monsieur Duplaix, l'Indien, en son bien des Touches, — poste restante, à Saintes.

1819. *9 juillet.* — *Brest.* Lettre du chevalier de Courson de la Villehélio, de retour de sa campagne, avec un billet de 140 francs. Il s'excuse de ne pouvoir acquitter la dette de 100 louis contractée par son cher fils en Afrique ; sa fortune est son épée, sa loyauté, sa fidélité inviolable au roy et à la famille royale. Son ancien camarade et ami Duplaix ne doit pas douter de sa reconnaissance !

1820. *15 mai.* — Acte de naissance de Jacques-Eutrope Duplais Destouches (Duplaix), fils légitime de Jacques-Eutrope Duplaix, maire, officier de l'état civil de la commune de Nieul-lès-Saintes, et de Poline-Françoise-Lady Foucaud, né d'hier au lieu des Touches. — Rectifications des jugements du tribunal civil de Saintes : 13 janvier 1841 ; 28 janvier 1861.

1821. *18 février.* — Obligation de 2,068 fr. par M⁰ Jean-Pierre Million fils et Mme Marie-Magdeleine Dusourd, son épouse, à M⁰ Jacques-Eutrope Duplaix, propriétaire. — Genet, notaire à Saintes.

1823. *20 août.* — Brouillon de lettre de Dupleix Destouches, maire de Nieuil, etc., à son ami Ricard, avocat à l'île de la Réunion. Affaires d'intérêt ; détail sur la vie du propriétaire des Touches. Malgré ses 60 ans, l'ancien officier de marine, planteur d'Afrique, monte à cheval comme un jeune homme ; il a trois garçons et une fille. Sa fortune s'élève à 70.000 fr. et sa femme a eu 42.000 fr. de dot.

1824. *10 janvier.* — Circulaire du ministre, secrétaire d'Etat des finances, Joseph de Villèle, à M⁰ Dupleix, maire de Nieul-les-Saintes.

1824. *2 avril.* — Bail à ferme, pour 3 ans, d'une maison sise à Saintes, place du Champ-de-Foire, par Pierre Delanis à Jacques-Eutrope Dupleix Destouches, propriétaire et maire de la commune de Nieul-les-Saintes, et demeurant au lieu des Touches.

1825. *25 septembre.* — Réponse de l'avocat Ricard : il a été ruiné par un procès avec M⁰ Oroux, etc. Détails sur l'île et l'ancienne propriété de M⁰ Dupleix ; elle fait partie d'une très belle sucrerie avec pompe à vapeur.

1826. *2 février.* — Nouvelle lettre de M⁰ Ricard : il explique ses malheurs, son procès ; l'île de la Réunion est d'une prospérité superbe.

1826. *8 avril.* — Assignation de l'huissier Jean-Baptiste Grison, à la requête de M^r le préfet de la Charente-Inf^re, pour faire partie de la liste des 36 jurés devant assister la cour d'assises pendant le 2me trimestre 1826. — A M. Duplaix, Jacques-Eutrope, propriétaire électeur (n° 32), à Nieuil-les-Saintes.

1826. *12 avril.* — Acte de décès de Jacque-Eutrope Duplais des Touches, ancien officier de la marine royale (le matin, à 3 heures, dans son domicile, rue de l'Aire Saint-Vivien, à Saintes), à l'âge de 65 ans, époux de dame Pauline-Lady Foucaud, fils de feu sieur Antoine Duplais des Touches et de feue dame Léontine Pinard. Témoins, amis du défunt : Sébastien-Théleneau Vanson, âgé de 51 ans, chevalier de Saint-Louis et de la Légion d'honneur ; Auguste-Cajetan Dufaur de Guittau, âgé de 63 ans, chevalier de Saint-Louis ; Jean Bouyer-Blaizy, officier d'état civil, adjoint délégué de la commune de Saintes.

1826. — Mémoire et quittance de l'enterrement de Mr Duplais, 1re classe (155 liv.).

1835. *5 décembre.* — Acte de décès de Louis-Hyppolite Duplaix, apprenti marin à la 42e compagnie, fils de Jacques-Eutrope et de Pauline-Lady Foucaud, né le 10 décembre 1819 à Saintes, Ch^te-Inf^re, décédé à bord de la frégate de S. M. *la Dryade*, en rade de Cadix, commandée par M. de Moges, capit. de vaisseau, et armée à Rochefort. Louis-Adolphe Petitpain, commis de l'administration de la marine ; Pierre-Marie Marchand, lieutenant de vaisseau ; Louis-Joseph-Auguste Pujol, lieutenant de frégate.

1837. *13 décembre.* — L'adjoint au maire de Saintes, Roy, certifie que M. Eutrope Duplaix, domicilié dans cette ville, est le frère du s^r Jean Duplaix, élève fourrier au 7me chasseurs à cheval. (Papier au timbre royal.)

1838. *28 février.* — Vente d'une maison, rue de l'Aire Saint-Vivien, à Saintes (9,500 fr.) par Mme Pauline-Françoise-Lady Foucaud, v^e de Mr Jacques-Eutrope Dupleix-Destouches, propriétaire, demeurant à Saintes, et Mme Augustine-Aglaé Dupleix-Destouches, époux de M. Eugène-Désiré Foucaud, propriétaire avec lequel elle demeure dans la commune de Saint-Romain de Benêt, et au nom de M. Louis-Edouard Dupleix-Destouches, brigadier-fourrier au 7me régiment de chasseurs à cheval, et Mr Louis-Eutrope Dupleix-Destouches, âgé de 17 ans, à M. Christophe Julien, négociant, rue Saint-Michel, à Saintes.

1838. *20 décembre.* — Lettre de l'adjoint au maire de Saintes, Roy, à Mme Pauline-Lady Foucaud, v^e Duplaix, paroisse St-Macoul, pour la prévenir que son fils Louis-Hypolite, né le 9 décembre 1818, doit être soumis au tirage pour la classe de 1838.

1839. *5 mai.* — Acte de naissance de Marie-Esther-Isaline Duplais, fille légitime de Mr Etienne-Antoine Duplais, âgé de 32 ans, propriétaire à Talmont, et de Mme Marie-Catherine-Esther Gauvain, âgée de 22 ans ; témoins : Antoine Duplais, 66 ans, propriétaire à Talmont ; Pierre-François Compoinville, 61 ans, instituteur primaire à Talmont. Haury, maire.

1840 (?). — Affiche de la mise en vente du domaine des Touches, situé dans les communes de Nieul-les-Saintes et Soulignonne. S'adresser, pour le prix et les conditions, à Madame veuve Dupleix, près le champ de foire, à Saintes, et à maître Lambert, notaire en cette ville. Saintes, imp. de Chavignaud.

1841. *2 janvier.* — Vente du domaine des Touches à Pierre Bougniot et à Marie Pineaud, son épouse, devant Mᵉ Huguet, notaire à Saint-Porchaire. (Note communiquée par M. Daviaud fils, aux Touches.)

1841. *13 janvier.* — Jugement du tribunal civil de Saintes ordonnant que l'acte de mariage de Jacques-Eutrope Duplaix Destouches et demoiselle Pauline-Françoise-Lady Foucaud, soit rectifié : l'x au nom de l'époux sera remplacé par s, et le mot *Destouches* supprimé. Le greffier : Moreau.

1841. *2 juillet.* — Traité pour remplacement militaire entre Mʳ Jacques-Eutrope Duplais Destouches, employé dans les contributions indirectes, demeurant à Jonzac, n° 42 du contingent militaire de 1840, canton Sud de Saintes, et le sʳ Jean Darnis, ouvrier bourrelier à Jonzac, moyennant la somme de 1.800 fr. Notaire : Mᵉ Alexandre-Julien Labruyère.

1848. *16 juin.* — Ordre du jour de la garde nationale de Clermont (Oise), à Mʳ Duplex, caporal. Signé Dupont, commandant, etc.

1848. *6 avril.* — Ville de Clermont. Lettre de convocation pour l'élection des officiers et sous-officiers de la Garde Nationale. Le maire Duvivier, au citoyen Duplaix, chef de service des contributions indirectes, rue de Paris, n° 17.

1848. *8-10 juillet.* — Ordre de service au caporal Duplex, demeurant rue de Paris, de monter la garde au carrefour Sᵗ-André.

1850. *25 juillet.* — 4 h. du matin.— Procès verbal des sʳˢ Montarlot, Louis, receveur des contributions indirectes, à Sᵗ-Oyen ; Eutrope Duplaix, commis à cheval ; Thurissey, Jean, et Delorme, Joseph, receveurs buralistes, contre un fraudeur inconnu, au Port d'Asnières, commune de Sénozan. Rébellion du fermier du bac, Duchêne, Simon, qui, avec dix complices, attaque les sʳˢ Duplaix et Thurissey à coups de pierres et de bâtons ; le sʳ Duplaix est blessé à la poitrine, au genou, au mollet.

1850. *25 juillet.* — Certificat du dʳ médecin Padrinski, à Sᵗ-Oyen, des contusions que le sʳ Duplaix, Jacques-Eutrope, commis à cheval des contributions ind. à Sᵗ-Oyen, a reçues dans la nuit du 24 au 25 juillet 1850, dans l'exercice de ses fonctions.

1850. *4 février.* — Acte de naissance de Pauline-Angéline-Léonie Duplais, fille légitime de Mʳ Jean-Louis-Edouard Duplais Destouches, commis à cheval à Lapalisse, départ. de l'Allier, et de Mᵐᵉ Angéline-Léonie Bégard, âgée de 21 ans. Témoins : MM. Cimetière, Joseph, 37 ans, teneur de livres ; Emonnot, Germain, 67 ans ; Coussaud-Dullié, Jean-Pierre-Tristan, percepteur de Varennes-sur-Tèche. Auguste Ducroux, adjoint au maire.

1859. *10 septembre.* — Contrat de mariage entre Mʳ Jacques-Eutrope Duplais, demeurant à Aurillac (Cantal), et Mˡˡᵉ Marie-Esther-Isaline Duplais, demeurant à Rochefort (Chᵗᵒ-Infʳᵉ), rue des Trois-Maures, n° 50. Passé devant Mᵉ Louis Gandillon, notaire à Rochefort (10.000 fr. ; 20,360 fr.). Ont signé : Vᵉ Duplais ; E. Duplais, née Gauvain ; J. Duplais ; C. Duplais ; Duplais ; Duplais Des Touches ; Girard, notaire ; Gandillon, notaire.

1859. *12 septembre.* — Acte de mariage de Mʳ Jacques-Eutrope Duplais des Touches, contrôleur des contributions indirectes, âgé de 39 ans, né à Saintes le 13 mai 1820, domicilié à Aurillac (Cantal), fils majeur et légitime de feu Jacques-Eutrope Duplais des Touches et de dame Pauline-Françoise-Lady Foucaud, âgée de 62 ans, demeurant à Rochefort, avec demoiselle Marie-Esther-Isaline Duplais, âgée de 20 ans, née à Talmont-sur-Gironde le 23 mai 1839, domiciliée à Rochefort, fille mineure et légitime de Mr Étienne-Antoine Duplais, âgé de 52 ans, propriétaire à Rochefort, et de Mme Marie-Catherine-Esther Gauvain, âgée de 42 ans, à Rochefort. Présents : Joseph-Etienne Gauvain, 40 ans, oncle de l'épouse, propriétaire à Fouras ; Gustave Daubonneau, ami, 43 ans, sous-chef de bureau au ministère des finances, à Paris ; Gabriel-Ignace-Ambroise Duplais, 72 ans, parent de l'époux. Charpentier, adjoint au maire.

1860. *27 janvier ; 10 février ; —* **1861.** *1er février.* — Copies des lettres de M. E. Duplais, contrôleur à Aurillac, à Mr Dumontet, avoué à Saintes. Le nom féodal DES TOUCHES est un souvenir, un héritage de famille, et, bien que le père du demandeur ne l'ait jamais mis dans sa signature, ce n'est pas une raison pour supprimer ce titre, antérieur à 1789. D'ailleurs, le jugement obtenu par la mère, en 1841, est entaché de nullité : 1o parce que Eutrope Duplais était mineur non émancipé ; 2o parce que le conseil de famille n'avait pas été légalement constitué. La mère, Pauline-Françoise-Lady Foucaud, avait simplement demandé la rectification de l'*x* en *s*, dans le mot DUPLAIX.

1860. *Janvier ; 31 janvier ; 2 février ; 27 février ; 20 mai ; 2 octobre ; 16 septembre ; —* **1861.** *13 juin.* — Lettres de Mr Dumontet, avoué, cours National, 75, à Saintes, à Mr E. Duplais, à Aurillac (Cantal), à propos de la rectification de son acte de naissance et de son nom de famille. L'avoué se plaint de rencontrer de sérieuses difficultés ; par jugement de 1841, la suppression du nom de des Touches a été ordonnée ; en outre, le père du demandeur signait toujours DUPLEIX et non Duplais des Touches.

1860. *8 février.* — Pétition du Sr Jacques-Eutrope Duplaix, contrôleur, 1er commis de la direction des contributions indirectes à Aurillac, fils de feu Jacques-Eutrope Duplais des Touches, ancien officier de la marine royale, et petit-fils d'Antoine Duplais, sieur des Touches, pour la rectification de son nom, au ministère de la justice. (Cachet du ministère de la justice. 10 fév. 1860. CABINET.)

1860. *10 février.* — Déclaration de Mme Pauline-Françoise-Lady Foucaud, ve de Mr Jacques-Eutrope Duplais des Touches, ancien officier de la marine royale, exposant qu'elle a demandé la rectification du nom DUPLAIS, qu'on avait altéré, mais qu'elle n'a jamais eu l'intention de faire supprimer celui de DES TOUCHES.

1860. *29 août.* — Acte de naissance de Camille-Joseph-Antoine Duplais, fils de Jacques-Eutrope D., âgé de 40 ans, contrôleur des contributions indirectes, premier commis de direction à Aurillac, et de dame Marie-Esther-Isaline Duplais, âgée de 21 ans, demeurant maison Rathéry, sur le champ de foire. Ont signé : MM. Plantade, âgé de 46 ans, contrôleur ; Baptiste-Antoine-Jules Danto, surnuméraire ; Jean-Hippolyte Esquirou de Parieu, officier de la Légion d'honneur, maire d'Aurillac.

1860. *30 août.* — Diocèse de Saint-Flour, église paroissiale de N.-D. aux Neiges d'Aurillac. Acte de baptême de Camille-Joseph-Antoine Duplais, etc. Parrain : Etienne-Antoine Duplais, grand-père maternel ; marraine : Camille Duplais, tante. Signé : Blanc, vicaire.

1861. *28 janvier*. — Jugement du tribunal civil de 1re instance de l'arrondissement de Saintes pour la rectification de l'acte de naissance de Mr Jacques-Eutrope Duplais des Touches, 1er commis de la direction des contributions indirectes d'Aurillac. — Attendu que la famille Duplais a un droit incontestable à ajouter à son nom patronymique le surnom de Destouches ; qu'il est de notoriété publique que, depuis plus d'un siècle, elle est connue dans la contrée sous les noms de Duplais Destouches, et que, depuis cette époque, elle n'a jamais été désignée autrement, dans les actes de l'état civil ou dans les actes authentiques auxquels elle a pris part ; attendu que, si dans l'année 1841, la ve Duplais, soit en son nom, soit en celui de ses enfants mineurs, a obtenu que le nom de *Destouches*, qui suivait le nom de *Duplais* dans son acte de mariage, fût supprimé, elle n'a agi que dans un intérêt personnel, et n'a pu lier son fils mineur, ni lui enlever son nom, patrimoine sacré qu'il est du devoir des enfants de revendiquer et de faire restituer, etc ; — Par ces motifs, le tribunal, jugeant en 1er ressort, ordonne que l'acte de naissance du sr Duplais, dressé dans la commune de Nieul-les-Saintes, le 15 mai 1820, sera rectifié avec l'addition du nom de DES TOUCHES, etc. Présents : MM. Savary, chevalier de la Légion d'honneur, président ; Limal, aussi chevalier, et Dessalles, juges ; Bourgnon de Layre, substitut du procureur impérial, et Réveillon, greffier.

1865. *9 et 13 novembre*. — CHATEAU DU TREUIL-BUSSAC. Etude de Me Eugène-Antoine Allard, notaire à Rochefort. No 5.289. Vente du château du Treuil-Bussac, commune de Fouras, arrondissement de Rochefort, par M. Théodore-Arthur Wanpers, propriétaire, et Mme Noémi Manès, son épouse, à M. Jacques-Eutrope Duplais-Destouches, sous-inspecteur des contributions indirectes, et à Mme Marie-Esther-Isaline Duplais, son épouse, demeurant ensemble à Saint-Jean d'Angély, moyennant le prix de 20.000 francs. Origine de la propriété : Ces immeubles avaient été acquis : 1o de M. Louis-André-Marie-Edmond comte Green de Saint-Marsault de Châtelaillon, propriétaire, et de Mme Charlotte-Léonie Ladmirault de Noircourt, son épouse, demeurant ensemble au château du Roullet, commune de Salles, canton de la Jarrie : contrat passé devant Me Allard, 24 et 25 mars 1858, 78.000 francs ; 2o des huit héritiers de Saint-Légier, par contrat passé, le 1er septembre 1843, devant Me Mathieu Drilbon, notaire à Saintes, moyennant 232.000 francs (1o M. Léon-Paul, marquis de Saint-Légier de la Sauzaie, propriétaire, et dame Catherine-Célestine de Saint-Légier, son épouse, demeurant à la Barrière, commune d'Ozillac ; 2o M. Marie-Alexis de Saint-Légier de la Sauzaie, officier au 11e régiment de dragons ; 3o M. Guillaume-Pierre de Saint-Légier de la Sauzaie, élève à l'école de cavalerie de Saumur ; 4o M. Jacques de Saint-Légier de la Sauzaie, propriétaire ; 5o Mlle Antoinette de Saint-Légier de la Sauzaie, sans profession ; 6o Mlle Adélaïde de Saint-Légier de la Sauzaie ; 7o Mlle Claudine de Saint-Légier de la Sauzaie ; 8o Mlle Octavie de Saint-Légier de la Sauzaie, demeurant à Saintes) ; 3o le domaine du Treuil-Bussac appartenait à M. Pierre-Louis-René, marquis de Saint-Légier, propriétaire, époux de Mme Marie-Paule-Bénédictine de Sartres, qui l'avait acquis, en partie, de Mme Esther-Honorée Chadeau de la Clochetterie, ve de M. Guillaume Basterot, capitaine de vaisseau, demeurant à Saintes, par acte passé devant Me Richelot, notaire à Port-d'Envaux, le 25 ventôse an X ; l'autre partie venait du sieur Antoine-Hippolyte Robein, marchand drapier, et de dame Jeanne-Julie Brelay, sa femme, demeurant à Rochefort, contrat du 1er avril 1816, Pelletier, notaire. — Pièce en double.

1866. *10 janvier*. — No 5.388. Etude de Me Eugène-Antoine Allard, notaire à Rochefort (Charente-Inférieure). M. Louis-André-Marie-Edmond

comte Green de Saint-Marsault de Châtelaillon, demeurant en son château du Roullet, commune de Salles, et au nom de sa femme Mme Charlotte-Léonie Ladmirault de Noircourt, précédents propriétaires du domaine
du Treuil-Bussac, créanciers hypothécaires de M. et Mme Wanpers pour
une somme de 40,000 francs, acceptent la vente consentie à M. et Mme
Duplais-Destouches, représentés par M. Antoine-Etienne Duplais, propriétaire à Fouras, moyennant 19.125 francs. Quittance par M. et Mme
Wanpers à M. et Mme Duplais-Destouches.

1867. *12 mars.* — Lettre du préfet Lemasson au directeur des contributions indirectes, au sujet de la belle conduite et de l'énergie de
M. Duplais-Destouches, sous-inspecteur à Saint-Jean d'Angély, et des
deux employés d'Authon, MM. Pelisse et Poitevin, dans l'incendie des
bâtiments du sieur Caillaud, négociant au Chagnon, commune d'Auma-
gne. 7 février 1867.

1868. *9 janvier.* — N° 6453. Etude de Me Eugène-Antoine Allard,
notaire à Rochefort (Charente-Inférieure). Vente d'une pièce de terre
(n°s 66 et 67, 3 hectares 35) au Treuil-Bussac, commune de Fouras,
moyennant 8.000 fr., par M. Théodore-Arthur Wanpers, propriétaire, et
Mme Noémi Manès, son épouse, demeurant au Treuil-Bussac, à M. Jacques-Eutrope Duplais-Destouches, sous-inspecteur des contributions indirectes, et Mme Isaline Duplais, son épouse, demeurant ensemble à
Saint-Jean d'Angély.

1868. *10 et 11 février.* — N° 6494. Etude de Me Eugène-Antoine Allard, notaire à Rochefort (Charente-Inférieure). Cession de créance de
2.000 fr. par M. et Mme Wanpers à M. Victor-François Rivaud, médecin de la marine en retraite, chevalier de la légion d'honneur, demeurant à Rochefort, rue des Trois-Maures, n° 2.

1868. *21 décembre.* — Lettre du conseiller d'Etat, directeur général,
Barbier, à M. Duplais-Destouches, sous-inspecteur des contributions indirectes à Saint-Jean d'Angély, lui annonçant qu'il est nommé inspecteur sédentaire de 3e classe à Bordeaux, par arrêté du ministre.

1869. *12 janvier.* — N° 6921. Etude de Me Eugène-Antoine Allard,
notaire à Rochefort (Charente-Inférieure). Quittance définitive par M.
Louis-André-Marie-Edmond comte Green de Saint-Marsault de Cha-
telaillon, propriétaire, demeurant en son château du Roullet, commune
de Salles, canton de La Jarrie, etc., et Mme Charlotte-Léonie Ladmirault
de Noircourt, son épouse, à M. Jacques-Eutrope Duplais-Destouches,
inspecteur des contributions indirectes à Bordeaux, et à son épouse, Mme
Marie-Esther-Isaline Duplais, pour achat d'immeubles situés dans la
commune de Fouras.

1871. *5 avril.* — N° 7878, n° 64. Quittance Wanpers et Rivaud à Duplais-Destouches. Etude de Me Allard, notaire à Rochefort (Charente-Inférieure).

1872. *12 mai.* — Lettre du directeur général des contributions indirectes à M. Duplais-Destouches, inspecteur sédentaire des contributions
indirectes à Bordeaux, pour lui annoncer sa nomination d'inspecteur de
2e classe dans la Charente-Inférieure. (La Rochelle.)

1872. *30 mai.* — Gravure de 1re communion dans l'église de Notre-
Dame de Bordeaux. A. DUPLAIS DES TOUCHES.

1874. *27 mars.* — Lettre du conseiller d'Etat, directeur général, M. Provensal, à M. Duplais-Destouches, inspecteur, etc., pour lui annoncer sa nomination de sous-directeur de 2e classe à Rochefort.

1877. *1er octobre.* — Déclaration de versement de cautionnement à la caisse du receveur des finances à Rochefort, 5.000 fr. + 1.000 fr., par M. Duplais-Destouches, Jacques-Eutrope, sous-directeur des contributions indirectes. N° 4610 du livre-journal.

1879. *16 juillet.* — Lettre de M. A. Allègre, notaire à Rochefort, pour informer les héritiers de Mme Ve Duplais des Touches de l'ouverture du testament par le président du tribunal. Legs au profit de Mlle Duplais des Touches, sa petite-fille, etc. Le testament est daté du 19 janvier 1870.

1879. *16 juillet; 19 juillet, etc.* — Liasse de quittances concernant les obsèques religieuses de feue Pauline-Françoise-Lady Foucaud, veuve Duplais des Touches, décédée le 16 juillet 1879, rue des Petites-Allées, n° 10, à Rochefort. (222 fr. 85 + corbillard, 45 fr. 10; transport du corps à Saintes, 17 juillet: 52.20 + 100 fr. etc. Tombe dans le cimetière de Saintes, etc.).

1879. *11 août.* — Diplôme de bachelier ès lettres accordé par les professeurs de la faculté des lettres de l'académie de Poitiers au sieur Duplais, Camille-Joseph-Antoine, né à Aurillac le 29 août 1860. Le ministre de l'instruction publique: Jules Ferry. Le directeur de l'enseignement supérieur: de Beauchamps. Délivré par le recteur de l'académie de Poitiers, le 20 septembre 1882: Ed. Chaignet. N° 2558.

1879. *19 août.* — Quittance du receveur de l'enregistrement de Rochefort (219 fr. 50) à M. Jacques-Eutrope Duplais-Destouches, à Rochefort, pour la succession de Mme Françoise-Pauline-Lady Foucaud, veuve Duplais-Destouches.

1879. *1er septembre.* — Quittance du receveur de l'enregistrement de Marennes (44 fr.) à M. J.-E.-D. Duplais-Destouches pour les droits de succession de Mme sa mère.

1880. *25 août.* — Lettre du conseiller d'Etat, directeur général, M. Audibert, à M. Duplais-Destouches, sous-directeur des contribution indirectes à Rochefort, lui annonçant sa nomination de directeur de 3e classe du département des Côtes-du-Nord. Le cautionnement est porté à 10.000 francs. Le nouveau directeur devra être rendu à Saint-Brieuc le 16 septembre.

1881. *2 mars.* — République française. Classe de 1880. Ordre de comparaître devant le conseil de révision, donné par le préfet et notifié par le maire de Saint-Brieuc, au sieur Duplais, Camille-Joseph-Antoine, à Saint-Brieuc, rue des Merles, le 4 avril 1881, à 9 heures du matin. Le préfet: Ed. Bertereau.

1881. — République française. Ville de Saint-Brieuc (Côtes-du-Nord). Concours régional de 1881. Exposition des Beaux-Arts. Diplôme de médaille de vermeil décerné à M. Antoine Duplais-Destouches. Dessins. Le maire de Saint-Brieuc: Ch. Pradal. Les membres du jury: F. Lemoine; E. Teto; Guilmoto; A. Guépin; D. Courcoux; P. Gaultier du Mottay, président.

1883. *30 janvier.* — Lettre de M. Labuse, sous-secrétaire d'Etat, au député L. Armez, pour lui annoncer la nomination de M. Duplais-Destouches, directeur à Poitiers (Vienne).

1883. — Lettre de M. Armez, député des Côtes-du-Nord, à M. le directeur des Côtes-du-Nord, avec ses regrets de le voir laisser le département.

1883. *4 février.* — Lettre du directeur général des contributions indirectes ordonnant, par décret du ministre en date du 26 janvier 1883, à M. Duplais-Destouches, directeur à Saint-Brieuc, d'être installé à Poitiers le 1er mars.

1884. *23 mai.* — Lettre de M. Labuse, sous-secrétaire d'Etat, à M. Barbedette, député de la Charente-Inférieure, pour expliquer qu'il est impossible à l'administration des contributions indirectes de nommer M. Duplais-Destouches à la direction de La Rochelle, parce que, en 1879, le trésor avait subi une perte de 425.000 francs dans la faillite de M. Gardey, négociant à Surgères. M. Duplais-Destouches, sous-directeur à Rochefort, aurait dû montrer plus de vigueur dans son administration.

1884. *23 mai.* — Brouillon de réponse de M. Duplais-Destouches au député Barbedette : le directeur était loin de prévoir les griefs de l'administration ; c'est justement sur son initiative que la fraude du sieur Gardey a été découverte ; sans ses démarches, l'Etat pouvait faire une plus grande perte. Il va solliciter sa mise à la retraite. (Note complémentaire sur l'affaire Gardey, 1879.)

1884. *29 mai.* — Direction de la Vienne. Personnel. N° 996. M. Duplais-Destouches exprime ses regrets au directeur général des contributions indirectes. Il croit avoir servi l'Etat avec vigueur et dévouement. Il a 64 ans d'âge et 42 ans de services sans compter son surnumérariat. C'est avec regret qu'il demande sa mise à la retraite.

1884. — Diplôme d'honneur de conseiller municipal à M. Duplais-Destouches, Jacques-Eutrope, directeur des contributions indirectes en retraite, nommé le 4 mai 1884 par 201 suffrages.

1884. *7 juillet.* — République française. Le président de la République, sur le rapport du ministre des finances, décrète que M. Duplais-Destouches, Jacques-Eutrope, directeur des contributions indirectes, est admis, sur sa demande, à faire valoir ses droits à la retraite, etc. Signé : Jules Grévy. Le ministre des finances : P. Tirard. Sceau du ministre des finances.

1884. *31 juillet.* — N° 5.283. Etude de Me Jules Belenfant, notaire à Rochefort-sur-mer (Charente-Inférieure). Vente, par M. Pierre Girodet, propriétaire, veuf de dame Julie Tessier, demeurant à Fouras, rue de l'Eglise, n° 40, à M. Jacques-Eutrope Duplais-Destouches, directeur des contributions indirectes à Poitiers (Vienne), d'une parcelle de terrain à bâtir, située à Fouras, aux Epinettes, avenue de la Gare (2 ares 53), 2.000 francs.

1888. *14 mars.* — Acte de décès de Jacques-Eutrope Duplais-Destouches, directeur des contributions indirectes en retraite, au château du Treuil-Bussac, commune de Fouras, à 3 heures du soir, âgé de 67 ans, époux de Marie-Esther-Isaline Duplais-Destouches. Ont signé : Paul Gauvain, 66 ans, oncle du défunt; Pallagallo, adjudant en retraite; Jean-Jacques Putier, maire.

1888. *Juin.* — Notice biographique de Jacques-Eutrope Duplais-Destouches, 1820-1888. La Rochelle, Imprimerie Nouvelle Noël Texier. 688-4 pages extraites de la *Revue de Saintonge et d'Aunis*, bulletin de la société des Archives historiques, mai 1888, tome VIII, page 172, tirées sur papier de Hollande à 50 exemplaires. Détails sur la famille et le père de M. Duplais des Touches ; quelques erreurs de dates et de détails, faciles à corriger au moyen de cet inventaire.

RECTIFICATIONS DIVERSES

Plusieurs notices sur mes œuvres, la famille et ma personnalité, contiennent des erreurs graves ; je dois les corriger.

Tout dernièrement, dans le *Bulletin héraldique de France* (mars 1894), un savant archiviste me faisait naître au château du Treuil-Bussac, commune de Fouras, à 300 kilomètres des montagnes d'Auvergne où les fonctions administratives de mon père me firent engendrer en 1860. De 1872 à 1879, j'ai fait mes études au collège de Rochefort-sur-mer.

Un critique parisien se figurait que j'appartenais à la famille de Dupleix, l'infortuné vice-roi des Indes (1697-1763). Je ne me connais pas d'alliance avec l'illustre marquis, gouverneur de Pondichéry. Son père, fonctionnaire lui aussi, était cependant du Poitou ; il avait été envoyé à Landrecies, comme fermier général et directeur de la compagnie des Indes. Désireux d'éclaircir une importante question d'histoire, j'avais proposé à la séance générale du 21 janvier 1886, à Rochefort, la publication de documents sur Dupleix (Voir *Bulletin*, page 210). Avec d'autres pages que je croyais inédites et que j'ai retrouvées dans un mémoire de 1759 (294 pages, plus 123 pages de pièces justificatives), je possédais la copie d'un acte vérifié sur les registres de la paroisse Saint-Pierre et Saint-Paul à Landrecies. Voici ce document : « Le 1er de janvier de l'an 1697, a été baptisé un fils du légitime mariage de François Duplex et de demoiselle Anne-Louise de Massac, lequel a été nommé Joseph-François. Le parin, M. François-Joseph Salmure, pour et au nom de M. Joseph Legendre, escuyer, seigneur d'Arminy, intéressé dans les fermes générales de sa majesté, général des poudres et salpêtres ; la marraine, demoiselle Claude-Jeanne de Massac. »

Il est curieux de constater à Saintes et à la même époque un François Duplex, baptisé au logis noble des Touches, paroisse de Nieul-les-Saintes, le 30 septembre 1639. Ce Duplais de La Ransannerie, avocat au parlement de Bordeaux, conseiller, pair, échevin de Saintes, était le fils légitime de noble Dominique Duplais des Touches, maire de Saintes en 1628 et 1630, et d'Olympe de Montgaillard, et par conséquent le frère de Dominique II du Plais des Touches dont d'Hozier écrit le nom *Duplex*. Ainsi est orthographié le nom de mon bisaïeul Antoine Duplex ou Duplais des Touches (1705-1777) dans son acte de mariage, à Saintes, avec Mlle Léontine Pinard (21 juillet 1741).

Le *Dictionnaire illustré des contemporains*, par Emile Saint-
Lanne (1893, page 373), à propos de Mlle Léonie Duplais, ma
cousine germaine et non ma sœur, auteur des *Nébuleuses, etc.*,
née à La Palisse (Allier), le 4 février 1850, parle de cette fabu-
leuse succession Thiéry, jadis confisquée par Bonaparte. « La
famille Duplais ou Dupleix, de Saintes, dit ce livre, est parmi les
ayants-droit les plus incontestés ! » Nous ne demandons qu'à
être convaincus de cette légende dorée, réveillée par M. Sten-
ackers, député de la Haute-Marne en 1887.

Mes premiers croquis à la plume furent publiés par Henry
Mériot, le poète des *Scabieuses* et des *Flûtes de Jades*, et par
Victor Billaud, directeur-imprimeur de *La Gazette de Royan*,
officier d'académie, etc. ; à peine sorti du collège, je ne connais-
sais pas alors les procédés de gravure. Mes illustrations de « Une
Idylle normande » (1881), reproduites en fac-similé par le pro-
cédé Gillot, m'attirèrent la bienveillance de la presse parisienne :
La Vie moderne, Georges Bernard, 17 décembre 1881. — *La
Revue des arts décoratifs*, F. Louvrier de La Jollay, février
1882. — *La Gazette des beaux-arts*, Alfred de Lostalot, 1er décembre 1881. — *Le Temps*. — *La Revue des deux mondes*, F.
Brunetière, 15 décembre 1881. — *Le Monde illustré*, 25 mars
1882. — *Le Soleil*, Ch. Canivet, 25 décembre 1881. — *La Paix*,
21 décembre 1881. — *Le Rappel*, Louis Ulbach, 16 décembre
1881. — *Le Télégraphe*, Jules Levallois, 26 décembre 1881. —
Le Dessin, Karl-Robert. — *Le Nouvelliste des Charentes*, n° 130,
Paul de Sivray, etc.

Les éditeurs Billaud, à Royan, Georges Charpentier, Charles
Delagrave, à Paris, Clouzot, à Niort, possèdent bon nombre de
mes premières œuvres : fusains, aquarelles, dessins à la plume,
marines, titres de journaux, etc. L'inventaire de ce travail de
jeunesse n'est pas très long ; mon temps a surtout été absorbé
par l'histoire et la commune de Fouras.

1880 : Cartes et croquis pour la société de géographie de Rochefort.

1880 : Salon de Paris : n° 4.633. Dessins à la plume, 1°-2°, Portail et clocher de l'église de Fenioux ; 3° Une ferme aux environs de Fouras ; 4° Vue de Saint-Jean d'Angély ; 5° Les arènes
de Saintes ; 6° Vues de Cozes ; 7° Monument commémoratif de
la bataille de Taillebourg. (Dictionnaire Th. Véron, p. 532.)

1881-1882 : Dessins de l'*Idylle normande*, d'André Lemoyne.
Georges Charpentier, éditeur, Paris.

1882 : Reproduction de la Danse macabre de la chapelle de
Kermaria-an-Isquit (Côtes-du-Nord). Texte par Félix Soleil ;
éditeur, Augé, à Rouen.

1882 : Dessins divers pour la *Jeune Revue scientifique et lit-
téraire*. Paris, Georges Chamerot, éditeur.

1882 : Dessins pour le *Musée des familles*. Ch. Delagrave,
éditeur. — *Le Livre des têtes de bois*. Georges Charpentier,
éditeur.

1883 : Exposition du blanc et noir, Paris. Etude aux environs de Fouras, crayon. — Le Légué, port de Saint-Brieuc, plume. — Exposition de Saintes : Marines ; aquarelles : Coup de soleil en mer. — Un soir à Vallières, près Royan. — Une épave à la Grande-Côte. — Le canot de la Gipsy. — Fouras. — Dessins divers pour l'enterrement de Victor Hugo *(Musée des familles)*. — La *Citadelle de Fouras*, vue de la mer. — Titres de journaux. — Chancelade en Périgord, etc.

1886 : Exposition du blanc et du noir, Paris. Portrait d'*André Lemoyne*, à M. Bellet. — Dessin reproduit au catalogue officiel nos 121-122. — Illustrations pour *Royan pittoresque :* Vues des *Rochers de Vallières ; Eglise de Vaux-sur-mer*, etc. — *Souvenir du Mont Saint-Michel*, fusain à Ch. Delagrave, 606 *bis*. — *Souvenir du château de Montigny* (Eure) : La fontaine de Neptune, à M. Victor Deroche ; fusain reproduit dans la publication de Karl-Robert, *Le Dessin*. — Salon de Paris : eau-forte n° 5.071, *Un coin des arènes de Saintes*. — Dessins divers pour le *Musée des familles* (juin 1886). — *Fouras illustré*, n° 9. — Encadrement du menu du banquet offert aux ministres de la marine et de l'instruction publique, à l'occasion de l'inauguration du lycée de Rochefort, 15 octobre. (Musée de Rochefort.) — Illustrations d'un voyage en Birmanie, 14. Ch. Delagrave, éditeur, etc.

1886-87 : Dessins pour une nouvelle du *Saint-Nicolas*, librairie Ch. Delagrave. *Qui est-elle ?* par Marthe Bertin. (Dessins mal gravés, mal imprimés.)

1887 : Exposition de Poitiers : Travaux divers.

1888 : 134 dessins avec grand panorama pour *Royan-Guide*, de Billaud. — Couverture d'atlas. — Prospectus de Sainte-Barbe, pour Ch. Delagrave, Paris. — Encadrements du programme de musique des cuirassiers de Niort, etc.

1889 : 22 dessins pour *En Sèvre*, notes de voyage de M. L. de Kadoré. L. Clouzot, éditeur, Niort. — Programme de la société philharmonique de Cognac ; de la loge maçonnique de Royan ; de l'union des femmes de France de Rochefort, etc. — Dessins pour Mayeux, éditeur, Les Sables-d'Olonne. — Bulletin archéologique du Périgord, t. XVI, 2e livraison, etc.

1890 : Pages de croquis pour *La Pallice-Revue*, à l'occasion de l'inauguration du bassin de La Rochelle. — Encadrement du menu du banquet offert à M. Carnot, président de la R. F. — Fables et contes en vers de M. le Dr A. Delétant, édition illustrée. — Croquis pour Marennes et Ronce-les-Bains, de M. Lételié. (Musée de Saintes), etc.

Sur plusieurs questions d'art, d'histoire et de géographie, j'ai publié ou analysé des documents inédits. (Voir *Bulletin des archives historiques d'Aunis et de Saintonge*, etc.) : *Les premiers essais de la vaccine en Saintonge*, le Dr Bobe-Moreau, 1888. — *Le logis du Treuil-Bussac et les Chadeau de La Clocheterie*. (Etude refaite en manuscrit.) — *Fouras et l'embouchure de la Charente à travers les âges*. — *Géographie ancienne de l'Aunis et de la Saintonge*. — *Cartes des transformations* *du littoral depuis les temps quaternaires. — Les villes détruites du golfe d'Aunis. — Excursions en Saintonge. — Salons et expositions diverses. — Mme Penguer et son œuvre, etc.*

Inutile de parler de tout ce que j'ai pu donner à la presse de province sous divers pseudonymes ; ce sont des œuvres d'essai.

En 1891, le *Bulletin* a dit, en toutes lettres (page 221) : « *La Rochelle et ses environs*, par *A. Duplais-Destouches.* » On avait sans doute écrit : « dessins par... » Cette brochure est de M. de Richemond, et je n'ai fait dans ce livre qu'un dessin de la façade de l'hôtel de ville (Voir page 24).

En 1892, j'ai publié un livre intitulé : *Affaire mystérieuse. La tragédie du Christ au XIXe siècle* (96 pages in-8°), révélations sur les épreuves insensées de *Mage* ou d'*Homme-Roi*, d'après les lois de l'Illuminisme de la primitive église.

Les dates et l'ordre de certains faits sont erronés ; en outre, l'imprimeur a refusé d'imprimer les noms de mes bourreaux. C'est donc une brochure à mettre au feu, en attendant une meilleure édition. Du reste, M. le docteur Bataille a continué les protestations contre le magisme monstrueux d'Asie, l'occultisme diabolique, les mensonges du spiritisme, les mystères des francs-maçons, et des Roses-croix cabalistiques. (*Le diable au XIXe siècle*, 2 vol., 964 pages. Delhomme et Briguet, éditeurs, Paris et Lyon.)

Après le drame terrible qui est venu troubler mon existence d'artiste et d'historien (agression nocturne, suivie d'homicide, 7 octobre 1890), j'espère que la justice de la République comprendra la vérité de mon nom, de mes origines, et mettra un terme aux supercheries de ceux qui m'ont interné, torturé en décembre 1890.

Antoine DUPLAIS DES TOUCHES.

Treuil-Bussac, 28 mars 1895.

ARBRE GÉNÉALOGIQUE

GUILLAUME DUPLAIS ou DU PLEIX, seigneur DES TOUCHES (XVIᵉ siècle).
Conseiller du roi, élu de Saintonge. Epoux de Magdeleine LEBRETON ou LEBRETHON. 3 fils. (Sa veuve se remaria à N. Chevalier, seigneur des Guigniers, dont une fille, Magdeleine, femme de André RELYON, président de l'élection de Saintes.)

1º THOMAS	2º DOMINIQUE I	3º JACQUES
Ne vivait plus en 1605.	Né vers 1570, mort vers 1655. Avocat au parlement de Bordeaux, 1601 ; écuyer, conseiller, pair, échevin, noble-maire de Saintes, 1628-1630. Epoux de : 1º Marguerite HERVÉ, 1606 ; 2º Olympe DE MONTGAILLARD, 1625. De sa seconde femme 5 enfants.	descendance inconnue.

1º JEAN	2º MARIE	3º DOMINIQUE II DES TOUCHES	4º MAGDELEINE	5º FRANÇOIS DE LA RANSANNERIE
chanoine de l'ordre St-Augustin, prieur St-Quantin de Ranne.	Epouse de Louis de BEAUNE, conseiller du roi, magistrat au présidial de Saintes.	Avocat au parlement de Bordeaux, conseiller, pair, échevin de Saintes jusqu'en 1704. Epoux de Elisabeth BAUDOUIN, 1659.		Né au logis noble des Touches, le 30 septembre 1689. Avocat au parlement, conseiller, pair, échevin, lieutenant civil et criminel, etc., à Cognac. Epoux de : 1º Anne RÉAUX, 1663 ; 2º Magdeleine MÉNAGE, 1691.

DOMINIQUE III	ELIE DES TOUCHES
Tonsuré le 4 juin 1678; chevalier du Christ.	Avocat au parlement de Bordeaux. Epoux de Angélique DE LA FARGUE, 2 fils.

1º ANTOINE DUPLAIS DES TOUCHES,	2º JEAN DUPLAIS DES TOUCHES
Touches, Farnoux et Primaudières. 1715-1777, ire royal et épiscopal à Saintes, 1744, époux, et 1741, de Léontine PINARD, 1722-1785. 18 ou nts, dont 15 connus et vivants en 1786.	Baptisé à Nieul-les-Saintes, le 5 décembre 1720, époux de Marie-Françoise RICHARD.

14. JACQUES-EUTROPE DUPLEIX, 1763-1826. ne, 1794; commandant d'artillerie, 1795; maire de Nieulx de : 1º Marie-Jeanne BOUYER, divorce 1811; 2º 18 mai y-Françoise FOUCAUD, 1797-1879. 5 enfants.

JEAN-FRANÇOIS DUPLAIS DES TOUCHES, Sʳ DE LA CHASSAGNE
Baptisé à Luchat le 4 juillet 1758. Juge de la châtellenie de Pont-l'Abbé et ses annexes au nom de Mᵐᵉ Marie-Magdeleine de Baudéan de Parabère (25 novembre 1788); juge civil et criminel, de Nieul-les-Saintes et Chantreau au nom de Mʳᵉ Gabriel-Izaü Lemouzin, baron châtelain de Nieul (1784); juge de Varzay au nom de Mʳᵉ Louis Badif de Vaujampes, chevalier. — Epoux de Marie-Dorothée-Agathe BUISSON.

GABRIEL-IGNACE-AMBROISE, né à Corme le 17 juin 1787. Aspirant de marine 1803; prisonnier de guerre des Anglais, médaillé de Stᵉ-Hélène. Epoux de Hortense-Eugénie DURAND.

2 enfants : 1º Edme-Henri (2 avril 1840), avoué licencié à Rochefort ; époux de Marie-Noémie VOIX, dont Louis, licencié en droit, et Lucie, épouse de FONTORBE, lieutenant de vaisseau ; 2º Lucie (6 août 1842), décédée, femme du dʳ VEILLON.

1º AUGUSTINE-AGLAÉ	2º LOUIS-EDOUARD	3º HIPPOLYTE	4º JACQUES-EUTROPE	5º BENJAMIN-Stᵉ-CROIX
pouse d'Eugène FOUCAUD, priétaire à Saint-Romain de et, près Saujon. Née à Nieul-Saintes, 15 mai 1816. Une fille, Iolie, morte à 12 ans.	1ᵉʳ juin 1817-24 juin 1891. Receveur des contributions indirectes. Epoux de Léonie BÉGARD. 5 enfants.	Mort à 16 ans, à Cadix, 1833.	14 mai 1820-14 mars 1888. Directeur des contributions indirectes. Epoux de Isaline DUPLAIS, 1859. Au château du Treuil-Bussac, près Fouras.	Mort peu de temps après sa naissance.

Un fils, ANTOINE, etc., né à Aurillac, 29 août 1860. Artiste peintre et littérateur.

PAULINE	LÉONIE	ANNA	EDOUARD	CLAUDE
	Née le 4 février 1850. Femme de lettres.		Chimiste.	

INDEX DES NOMS DE LIEUX

INDEX DES NOMS DE PERSONNES

LA ROCHELLE, IMPRIMERIE NOUVELLE NOEL TEXIER